L'ÉDIT PUBLICIEN

PAR

ÉDOUARD CUQ

PROFESSEUR AGRÉGÉ A LA FACULTÉ DE DROIT DE BORDEAUX

Extrait de la *Nouvelle Revue historique de Droit français et étranger*.

PARIS

L. LAROSE, LIBRAIRE-ÉDITEUR

22, RUE SOUFFLOT, 22

1878

L'ÉDIT PUBLICIEN

3283-77. Corbeil. — Typ. et stér. de Crété

L'ÉDIT PUBLICIEN

PAR

ÉDOUARD CUQ

PROFESSEUR AGRÉGÉ A LA FACULTÉ DE DROIT DE BORDEAUX

PARIS

L. LAROSE, LIBRAIRE-ÉDITEUR

22, RUE SOUFFLOT, 22

1877

L'ÉDIT PUBLICIEN

Parmi les sources du droit romain, l'une des plus importantes est celle qui dérive de l'édit des préteurs. Comment et dans quelle mesure son influence s'est-elle exercée sur la législation romaine? C'est une question qu'on a souvent cherché à résoudre, sans arriver à un résultat définitif. Il s'agit en effet de déterminer quelle était à l'origine la portée de chacune des dispositions de l'édit, puis de les suivre dans leur développement successif jusque dans le droit de Justinien. Or, c'est là une tâche très-délicate.

Les édits des préteurs ont subi de nombreuses altérations avant de parvenir jusqu'à nous. Sans parler des modifications que chaque année un magistrat pouvait apporter à l'édit de celui qui l'avait précédé, on sait qu'un remaniement général des différentes règles établies par les préteurs fut opéré au temps de J. César par Aulus Ofilius (L. 2, § 44, *de orig. jur.*, 1, 2), au temps d'Hadrien par Salvius Julianus (C. 2, 3, *de vet. jure enucl.*, 1, 17). Plus tard, au sixième siècle de notre ère, les compilateurs byzantins modifièrent ces règles d'une façon plus sensible encore pour les mettre en harmonie avec la législation nouvelle. Enfin, depuis cette époque, les fragments des édits, conservés dans les Pandectes, ne nous ont pas toujours été transmis dans leur intégrité par suite des erreurs ou des négligences des copistes et des éditeurs.

On a cependant, à diverses reprises, essayé de restituer l'édit des préteurs. C'est là le point de départ de tout travail sur le droit prétorien. Au seizième siècle, Brisson, Baron, Rauchin; au dix-septième siècle, J. Godefroy, Van Giffen; au dix-huitième siècle, Noodt, Wieling, Heineccius; au dix-neuvième siècle, de Weyhe, Van Reenen, Haubold, Hænel, et tout récemment M. Rudorff (1) et M. Ch. Giraud (2) ont cherché à recueillir les débris de la jurisprudence prétorienne, ou à la reconstituer sous la forme qu'elle avait reçue dans l'*Edictum perpetuum* de Julien.

Je n'ai pas l'intention d'entreprendre une œuvre d'aussi longue haleine. Je limiterai mes recherches à un seul édit, l'édit Publicien.

Cet édit a exercé sur le droit Romain une influence considérable. Il a opéré une véritable révolution en accordant une action réelle à celui dont la possession reposait sur une juste cause. C'est là, de l'avis de tous les interprètes, l'innovation due au préteur Publicius. Mais les divergences se produisent dès qu'il s'agit de préciser la sphère d'application de l'édit, lorsqu'on se demande s'il ne contenait pas d'autres dispositions.

Pour garantir la possession fondée sur une juste cause, Publicius avait imaginé une fiction qui faisait considérer comme accomplie l'usucapion simplement commencée. Ne doit-on pas lui attribuer également l'idée d'une fiction, inverse de la précédente, et par laquelle on tenait pour non avenue l'usucapion achevée au profit ou au préjudice d'un absent? Est-ce par voie d'action ou par voie d'exception que Publicius permit la rescision de l'usucapion? Cette rescision pouvait-elle être demandée par l'absent et contre lui, ou dans ce dernier cas seulement ? Ce sont tout autant de questions vivement discutées et dont l'intérêt historique est facile à apercevoir. Pour y répondre, il faut établir quelle était la teneur primitive de l'édit publicien.

Un fragment du Digeste, qui forme la loi 1 pr. *de public. in rem act.* 6, 2, rapporte d'après Ulpien (lib. 16 ad Edict.), le texte de cet édit :

Ait prætor : SI QUIS ID QUOD TRADITUR EX JUSTA CAUSA NON A DOMINO, ET NONDUM USUCAPTUM PETET, JUDICIUM DABO.

Les compilateurs du Digeste nous ont-ils transmis fidèlement la teneur de l'édit publicien ? De l'aveu de tous les éditeurs, le texte qui nous est parvenu a subi des altérations.

(1) *Edicti perpetui quæ reliqua sunt*, Leipzig, 1869.
(2) *Novum Enchiridion juris Romani*, p. 35, Paris, 1873.

Je vais examiner ici les diverses restitutions qui ont été proposées, puis rechercher si l'on a mis à profit toutes les données que nous fournissent les divers monuments de la législation romaine. Je veux en particulier appeler l'attention sur un texte des Institutes dont le sens véritable a échappé aux commentateurs, et qui, sainement interprété, me paraît contenir une indication précieuse sur la portée primitive de l'édit publicien : c'est le § 3 *de actionibus*, lib. IV, tit. 6.

I

§ 1. — J'ai transcrit le texte de l'édit d'après la leçon des meilleurs manuscrits, et tel que le rapportent la plupart des éditeurs. Mais ce texte n'a-t-il pas été altéré par les copistes ou par les compilateurs du Digeste? C'est ce qu'il faut tout d'abord examiner.

Heineccius prétend qu'on doit lire *traditum* au lieu de *traditur*. Pour justifier cette substitution d'un temps passé à un temps présent, il fait remarquer que l'une des conditions requises, pour exercer l'action publicienne, c'est que la tradition ait déjà été effectuée; il ne suffit pas qu'elle soit possible, c'est-à-dire que la chose soit susceptible d'usucapion (1). Cette observation est exacte; elle serait confirmée au besoin par les Basiliques (lib. XV, 2, 1 ; t. II, p. 169, éd. Heimbach) et par Gaius (IV, 36). Mais je ne crois pas qu'il y ait là une raison assez grave pour corriger le texte ; le temps présent s'emploie fréquemment en latin pour le temps passé.

Je repousse également la correction d'Accurse et de Ranchin (Meerman. Thes., t. III, p. 245) qui, au lieu de *non a domino* lisent *a non domino*, et je le fais avec d'autant moins d'hésitation que les mots *non a domino* se retrouvent dans la loi 7, § 11, h. t.

Enfin quelques auteurs (Brisson, *de formulis*, lib. III, § 10 ; Guyet, *de public. in rem actione*, p. 30, Heidelberg, 1823) placent avant *non a domino* la virgule que j'ai mise après. Avec cette ponctuation le sens de la phrase est changé. Il

(1) Op. posth., Halæ, 1744, p. 470. Cpr. Glück, VIII, 321.

s'agirait non pas d'une action intentée par une personne qui n'a pas encore usucapé, mais d'une action exercée contre un possesseur qui n'a pas achevé d'usucaper. Les mots *nondum usucaptum* se rapporteraient au défendeur et non au demandeur. Mais pourquoi le préteur aurait-il créé une action spéciale dans un cas où le demandeur aurait pu exercer la revendication? Il résulte d'ailleurs de divers textes et notamment du § 3, Inst., IV, 6, que dans l'action publicienne le demandeur est réputé avoir usucapé ; c'est dire qu'en réalité il n'a pas achevé l'usucapion.

On objecte, il est vrai, qu'avec une ponctuation différente les mots *non a domino* ne présentent pas un sens bien satisfaisant. L'action publicienne est donnée en effet non-seulement quand la tradition émane d'un *non dominus*, mais même lorsqu'elle a été faite *ex justa causa* par le véritable propriétaire, et qu'elle a eu pour objet une *res mancipi*. Mais cette objection suppose résolue une question que j'examinerai plus tard et qui est très-discutée, celle de savoir si l'action publicienne appartient au propriétaire bonitaire. Pour le moment je me bornerai à faire remarquer que si l'on rapporte au défendeur les mots *non a domino*, une difficulté nouvelle va se présenter ; car il y a des cas où l'action publicienne peut être intentée contre le propriétaire lui-même, lors, par exemple, qu'il a recouvré la possession d'une *res mancipi* dont il avait fait tradition *ex justa causa*. Ainsi, quelle que soit la ponctuation adoptée, les mots *non a domino* ne sont pas rigoureusement exacts ; je tirerai argument de ce fait, quand j'essaierai d'établir qu'ils ont été ajoutés par Tribonien au texte primitif de l'Édit.

C'est à Tribonien, en effet, ou aux commentateurs de l'Édit, et non pas aux copistes, que l'on attribue généralement les altérations subies par la loi 1 pr. *de public. in rem act.*

D'après les uns, on aurait ajouté certains mots qui ne se trouvaient pas dans l'édit du préteur Publicius. D'après les autres, on aurait retranché des mots qui y étaient écrits.

Noodt (*ad Pandect.*, h. t.) prétend que les mots *ex justa causa* ont été ajoutés après coup par Ulpien dans son commentaire sur l'édit. Il en trouve la preuve dans la loi 7, § 11 h. t., où l'on voit que l'édit parlait d'une tradition effectuée en vertu d'un contrat de vente. Or la vente étant une *justa causa* pour la tradition, il était bien inutile d'exprimer deux fois cette idée, qu'une juste cause était nécessaire.

Je crois cependant que les mots *ex justa causa* existaient dans l'édit. Publicius a pu faire une mention expresse de la vente, qui est la cause la plus ordinaire de la tradition, sans vouloir pour cela refuser sa protection à ceux qui invoqueraient une cause différente. Il n'est pas possible d'admettre qu'Ulpien ait de sa propre autorité ajouté ces mots à l'édit, car ils se trouvent dans le paragraphe de Gaïus relatif à l'action publicienne (IV, 36), et de plus ils sont commentés par d'autres jurisconsultes antérieurs à Ulpien, par Julien et par Marcellus (L. 7, §§ 2, 17; L. 11, § 4, h. t.).

J'en dirai autant des mots *nondum usucaptum*, qui existaient certainement dans l'édit de Publicius. Gaius dit en effet que l'action publicienne est donnée *ei qui ex justâ causâ traditam sibi rem nondum usucepit*.

Quelle est donc la raison de douter? On a dit que les mots *nondum usucaptum* ne devaient pas se trouver dans l'édit, parce que l'action publicienne appartenait même aux possesseurs de fonds provinciaux, et que ces fonds n'étaient pas susceptibles d'être usucapés. Mais il y a là si peu une raison de décider, que Paul prend le soin de dire que la publicienne est donnée à raison des fonds provinciaux, *quamvis non usucapi possint* (L. 12, § 2, h. t.). On peut donc affirmer que les mots *nondum usucaptum* n'ont pas été interpolés.

En est-il de même des mots *non a domino?* Je suis porté à croire qu'ils ont été ajoutés par les compilateurs du Digeste. Gaius (IV, 36) ne dit nullement que l'exercice de l'action publicienne soit limité au cas où la tradition a été faite par un non-propriétaire. Si une restriction d'une aussi grande importance eût existé dans l'édit, Gaius n'eût pas manqué d'en parler. Son silence m'autorise à penser qu'elle ne s'y trouvait pas contenue. Il est facile au surplus d'expliquer l'addition des mots *non a domino*. Justinien ayant abrogé l'antique distinction du domaine quiritaire et du domaine bonitaire (C. un. *de nudo jure quirit. toll.* 7, 25), l'action publicienne s'appliquait en règle générale au cas d'une tradition faite *a non domino;* dans des cas très-rares elle était donnée pour une tradition faite *a domino*. C'est pour mettre les termes de l'édit d'accord avec la législation en vigueur de son temps que Tribonien a jugé à propos d'insérer dans la loi 1 pr. h. t., les mots *non a domino.*

Ainsi se trouve constatée une altération du texte primitif de l'édit. Voyons s'il n'en a pas subi d'autres.

Certains auteurs (Ranchin, l. c.; Kritz, *de rei vindic. et public. act.*, Leipzig 1831, p. 90) pensent que l'édit contenait les mots *si ea res possessoris non sit.* La loi 4, h. t. dit sans doute que le défendeur peut repousser l'action dirigée contre lui en prouvant que la chose lui appartient; mais, pour lui reconnaître ce droit, il n'est pas nécessaire d'admettre que l'Édit en ait fait une mention spéciale. Le préteur accordera cette exception toutes les fois que besoin sera, *causa cognita.*

Un point plus discuté est celui de savoir si l'édit ne contenait pas les mots *qui bona fide emit.* La plupart des auteurs pensent qu'ils ont été omis par Tribonien. Ils croient en trouver une preuve décisive dans L. 7, § 11, h. t., où sont rapportés avec un commentaire d'Ulpien ces mots : « *Prætor ait, qui bona fide emit* (1). »

Malgré ce texte, je n'hésite pas à adopter l'opinion contraire. M. Demangeat (t. II, p. 510) a fait remarquer très-justement que supposer l'acheteur de bonne foi, c'est nécessairement supposer le vendeur *non dominus.* Or si l'on m'accorde que les mots *non a domino* n'existaient pas dans l'édit, il faut bien convenir que les mots *qui bona fide emit*, n'ont pu y figurer davantage; car ils expriment la même idée sous une forme différente.

Que devient alors l'affirmation d'Ulpien? Elle s'explique aisément si l'on fait attention que ce jurisconsulte, dans L. 7, § 11, parle, non plus de la teneur de l'édit comme dans les lois et les paragraphes qui précèdent, mais de la formule de l'action publicienne (2). Cela résulte des §§ qui suivent :

(1) Mommsen, Dig. I, 212; Pellat, *la propriété*, p. 446; Obrock, *de public. act.*, p. 23, Göttingen, 1843.

(2) Sur cette distinction entre la teneur de l'édit et la formule, v. M. Rudorff l. c., Præf, p. 1; M. Ch. Giraud, *Rev. de législ. anc.* 1870, p. 210 et suiv.; M. Huschke, das Recht der Publicianischen Klage, p. 13, Stuttgard, 1874.

§ 12, *In hac actione*, dit Ulpien, non oberit mihi, si successor sum...; § 16, *Ut igitur Publiciana competat* hæc debent concurrere, ut et bona fide quis emerit, et ei res empta eo nomine sit tradita.

En résumé, l'édit publicien devait être conçu en ces termes : *Si quis id quod traditur ex justa causa, et nondum usucaptum petet, judicium dabo.*

Je ne saurais partager le sentiment de M. Rudorff (*l. c.*, § 62) d'après lequel l'édit aurait contenu deux dispositions distinctes, relatives l'une à la propriété bonitaire, l'autre à la possession de bonne foi. A son avis, l'édit devrait être ainsi restitué : « Si quis rem mancipi quæ traditur ex justa causa a domino et nondum usucaptam petet, judicium dabo. — Si quis id quod traditur ex justa causa non a domino et nondum usucaptum petet, judicium dabo. » Je ne vois pas l'utilité de cette double disposition, alors qu'une seule suffit et qu'elle a le mérite de correspondre à ce que Gaius dit dans le § 36 cit. La restitution proposée par M. Rudorff présente d'ailleurs l'inconvénient de reconnaître l'existence de deux actions publiciennes, ce qui est contraire à tous les textes, qui ne parlent jamais que d'une seule action portant ce nom.

§ 2. — Le texte de l'édit une fois restitué, il faut chercher à l'interpréter. La restitution que j'ai adoptée montre que l'édit avait pour but de protéger aussi bien le propriétaire bonitaire que le possesseur de bonne foi. Cette opinion est confirmée par le passage déjà cité de Gaius. La formule de l'action publicienne, telle qu'il la rapporte, s'applique également aux deux hypothèses. D'un autre côté Ulpien (L. 11, § 1, h. t.) accorde la publicienne à celui qui a acquis par quasi-tradition une servitude personnelle ou réelle, et il prévoit spécialement le cas où l'on a traité avec le véritable propriétaire : « Si per domum quis *suam* passus est aquæductum transduci... » Si l'action publicienne protége les démembrements de la propriété acquis *jure prætorio*, elle doit protéger également la pleine propriété acquise de la même manière (1).

(1) Pellat, *op. cit*, p. 431 et suiv. ; Obrock, *op. cit.*, p. 33 et suiv.

Toutefois cette manière de voir est loin d'être acceptée par tous les auteurs. Les uns veulent que la publicienne ait uniquement pour objet de protéger la propriété bonitaire, les autres déclarent que son but exclusif est de protéger la possession de bonne foi.

A l'appui de la première opinion, Kritz (*op. cit.*, p. 78) allègue que le possesseur de bonne foi peut, aussi bien que le propriétaire quiritaire, exercer la revendication; que dès lors il eût été inutile de créer pour lui la publicienne. Pour triompher dans la revendication, il n'est pas nécessaire, dit Kritz, d'être propriétaire *ex jure quiritium*; il suffit d'avoir un droit préférable et supérieur à celui de son adversaire; or telle peut être la condition du possesseur de bonne foi.

Je ne m'arrêterai pas longtemps à cette opinion, qui est restée isolée, et qui méritait de l'être. Elle conduit à cette conséquence que la publicienne devrait être sans application au temps de Justinien, puisque cet empereur a supprimé la distinction du domaine bonitaire et du domaine quiritaire. Mais alors comment concevoir que la publicienne puisse être intentée par celui qui a reçu tradition d'une chose *ex justa causa*, et n'a pas encore acquis la propriété (Inst., IV, 6, 4)? Comment comprendre aussi qu'on ait, au Digeste, consacré un titre entier à une action désormais inutile? Il faut donc repousser l'opinion de Kritz et admettre que la publicienne est donnée au possesseur de bonne foi.

Doit-on l'accorder également au propriétaire bonitaire? Bon nombre d'auteurs l'ont contesté. Ils prétendent que celui qui a une chose *in bonis* peut intenter la revendication, du moins *per petitoriam formulam*, et par suite qu'il n'a nul besoin de la publicienne. Il peut recourir à la *petitoria formula* parce que, dans l'*intentio*, le demandeur affirme simplement *rem suam esse* (Gaius, IV, 92); il ne peut agir ni *per legis actionem*, ni *per sponsionem*, parce qu'alors il devrait affirmer *rem suam esse ex jure quiritium* (Gaius, IV, 16, 93) (1).

Cette manière de voir me paraît arbitraire. Il est inexact de dire que l'*intentio* de la formule pétitoire se distingue de celle de la *sponsio* en ce qu'elle ne contient pas les mots *ex*

(1) Vangerow, Lehrb. I, 295, A. 2.

jure quiritium. Gaius (IV, 41) en fournit la preuve dans l'exemple qu'il donne d'une formule pétitoire : « Si paret hominem *ex jure quiritium* A[1]. A[1]. esse. » Du reste les mots *rem meam esse* n'ont pas un sens technique différent de celui de *rem meam esse ex jure quiritium;* ils désignent toujours la propriété quiritaire. Ici encore j'invoquerai le témoignage de Gaius (IV, 34). Il dit du *bonorum possessor* qui n'a que l'*in bonis :* « non habet directas actiones, et neque id quod defuncti fuit potest intendere suum esse »

On ne peut opposer le § 1, Inst., *de action.* : «... proditæ actiones in rem sunt, veluti si rem corporalem possideat quis, quam Titius suam esse affirmet, et possessor dominum se esse dicat : nam si Titius suam esse intendat, in rem actio est. » D'après Guyet (*l. c.*), il s'agirait d'un propriétaire bonitaire, Titius, qui réclamerait la possession de sa chose à celui qui a sur elle le *nudum jus quiritium.* L'action exercée étant l'action *in rem*, Guyet en conclut que le propriétaire bonitaire jouit de la *rei vindicatio.* Mais cet argument n'est rien moins que décisif. Justinien donne ici une définition générale de la revendication. Cette action se reconnaît à ce caractère que le demandeur réclame une chose corporelle à celui qui la possède, et conteste le droit de propriété que le défendeur prétend avoir sur cette chose. Rien dans le texte n'indique qu'on doive l'entendre du cas imaginé par Guyet. On ne peut pas surtout y trouver la preuve que le propriétaire bonitaire avait droit à la formule pétitoire; car, longtemps avant Justinien, le système de procédure formulaire avait été aboli.

On invoque encore en faveur de l'opinion que je combats la loi 23 pr. de R. V., 6. 1. Paul dit que l'action en revendication protége le droit de propriété de quelque manière qu'il ait été acquis, par un mode du droit civil ou du droit des gens. Or la tradition, appliquée à une *res mancipi*, est un mode d'acquérir du droit des gens. Donc, dit-on, le propriétaire bonitaire peut exercer la revendication. Je me rendrais à cet argument s'il m'était démontré que Paul, en parlant des modes d'acquérir du droit des gens, a précisément fait allusion à la tradition d'une *res mancipi.* Or le texte ne contient aucun indice qui permette de le supposer. J'en conclus que Paul entend parler des modes tels que l'occupation, la tradition en général, qui sont admis par le *jus gentium* et non pas seulement par le *jus civile*.

Il faut donc en convenir, l'action publicienne a eu pour but de protéger à la fois la propriété bonitaire et la possession de bonne foi. Mais a-t-elle reçu dès le principe cette double application? C'est ce que je vais examiner.

L'action publicienne est une action fictice ; elle repose sur la fiction d'une usucapion accomplie. Or Gaius (II, 41-44) dit que l'usucapion s'appliquait dans deux cas : lorsqu'une personne avait acquis par simple tradition une *res mancipi*, lorsqu'elle avait acquis une chose *mancipi* ou *nec mancipi* d'un non-propriétaire, en vertu d'une juste cause et de bonne foi. L'usucapion conférait ainsi la propriété quiritaire à celui qui avait une chose *in bonis* ou qui la possédait de bonne foi.

Cela posé, pourquoi le préteur aurait-il accordé sa protection à l'un en la refusant à l'autre? N'étaient-ils pas tous deux dans une position identique, *in causa usucapiendi?* Il est naturel de croire que l'un et l'autre devaient pouvoir invoquer la fiction d'une usucapion accomplie.

Si maintenant on examine comment et à quelle époque a été rendu l'édit publicien, on arrivera au même résultat. L'histoire n'est ici d'aucun secours. Elle a bien conservé le souvenir de deux préteurs Publicius dont l'un vivait l'an de Rome 519, l'autre, l'an 685 ; mais rien ne prouve que l'auteur de l'édit publicien soit l'un d'entre eux.

Ce que l'on doit tenir pour certain, c'est que notre édit a été rendu sous l'empire du système de procédure formulaire. C'est seulement après l'abolition du système des actions de la loi que les préteurs proposèrent des formules. L'action publicienne a donc été créée au plus tôt après la loi Æbutia, c'est-à-dire à la fin du VIe siècle depuis la fondation de Rome. Je crois même que c'est la substitution des formules aux actions de la loi qui a rendu nécessaire l'édit publicien.

M. Huschke (*op. cit.*, p. 115) a émis l'opinion que sous le système des actions de la loi, le préteur trouvait dans la *vindiciarum dictio* le moyen de protéger ceux dont la possession reposait sur une juste cause. C'est à lui, dit Gaius

(IV, 16), qu'incombait le soin de régler la possession intérimaire, lorsqu'avaient eu lieu la *vindicatio* et la *contravindicatio* et que les parties s'étaient provoquées au *sacramentum*. Dans cette attribution de la possession, le préteur n'était pas assujetti à suivre certaines règles comme dans l'interdit *uti possidetis;* il pouvait constituer possesseur tout autre que le propriétaire quiritaire. Telle est la première forme sous laquelle le préteur vint au secours des possesseurs *in causa usucapiendi*.

Lorsque, après l'abolition du système des actions de la loi, la *vindiciarum dictio* eut disparu et que les interdits *retinendæ possessionis* furent donnés pour régler la possession intérimaire, il fut nécessaire de pourvoir à la protection de ces possesseurs. C'est ce que fit le préteur Publicius. Il leur permit de réclamer comme un droit leur maintien en possession, tandis qu'auparavant c'était une faveur qu'ils sollicitaient du magistrat. L'édit publicien réalisa ainsi un progrès notable sur l'état antérieur de la législation.

II

Dans cette seconde partie, je vais rechercher si l'on ne doit pas attribuer à notre édit une portée plus large que celle que je viens de lui assigner d'après la L. 1 pr., h. t. Il s'agit de savoir si l'édit publicien contenait plus d'une disposition; si, à côté de l'action publicienne proprement dite, fondée sur la fiction que l'usucapion commencée est accomplie, il a établi une action publicienne rescisoire, fondée sur la fiction inverse que l'usucapion accomplie ne l'est pas.

Plusieurs interprètes admettent l'existence d'une double publicienne. A l'appui de cette opinion, ils invoquent la loi 35 pr. de O. et A. 44, 7. Paul dit que parmi les actions prétoriennes, les unes, celles « quæ rei persecutionem continent, » ne se prescrivent pas par un an, les autres ne sont données que pendant l'année. Il cite comme exemple des premières « publiciana quæ ad exemplum vindicationis datur. » Mais, ajoute-t-il, lorsque cette action publicienne est rendue en rescindant l'usucapion, elle se prescrit par un an : « Sed cùm rescissa usucapione redditur, anno finitur, quia contra jus civile datur. » Ainsi, dit-on, la publicienne a une double fonction : elle protége d'une part celui qui est *in causa usucapiendi*, en réputant accomplie une usucapion qui ne l'est pas ; d'autre part celui au préjudice de qui une usucapion a eu lieu, en la tenant pour non avenue.

La loi 57 *mandati*, 17, 1, confirme cette manière de voir. Papinien décide que l'ancien propriétaire, qui a eu à souffrir de l'usucapion, intente utilement la publicienne en faisant rescinder l'exception *justi dominii* que voudrait opposer le possesseur.

Enfin Justinien (Inst., *de act.*, IV, 6, §§ 3-5) présente l'action réelle rescisoire comme la réciproque de l'action publicienne. Il y a donc entre elles une corrélation qui s'explique naturellement, si on les regarde comme ayant une commune origine.

Mais si les jurisconsultes romains ont admis deux actions publiciennes, il est bien singulier que dans le titre du Digeste, qui a pour rubrique *de publiciana in rem actione*, on n'ait fait aucune allusion à la prétendue publicienne rescisoire. On ne peut dire qu'il y a eu un oubli des compilateurs ; cet oubli serait inexplicable.

Les textes que l'on fait valoir à l'appui de l'opinion contraire n'impliquent pas nécessairement l'existence d'une double publicienne. Les Institutes ne donnent pas à l'action rescisoire la qualification de Publicienne. Quant aux lois 35 pr. et 57 cit., elles peuvent s'entendre de la publicienne proprement dite, rendue à la suite d'une *in integrum restitutio*. Cette restitution a pour effet tantôt de rendre à l'absent l'action qu'il a perdue, tantôt de paralyser l'exception *justi dominii* que lui oppose le défendeur. Qu'on n'objecte pas que l'action ainsi restituée devrait être alors non pas la publicienne, mais la revendication ! On n'ignore pas que la publicienne n'est pas refusée au propriétaire quiritaire, bien qu'elle n'ait pas été créée spécialement pour lui. Elle offre l'avantage de dispenser le demandeur de prouver qu'il est propriétaire ; il lui suffit d'établir qu'il a acquis la chose *ex justa causa* et qu'il a été mis en possession.

L'existence d'une double publicienne n'est donc rien moins

que prouvée. Est-ce à dire que l'édit publicien ne contenait aucune disposition en dehors de celle qui accordait une action au possesseur *in causa usucapiendi?* Le rapprochement fait par les Institutes entre la publicienne et l'action réelle rescisoire est-il purement fortuit? N'aurait-il pas sa cause et sa raison d'être dans ce fait que l'action réelle rescisoire dériverait sinon immédiatement, au moins médiatement, de l'édit publicien? Si l'on pouvait établir l'existence d'un intermédiaire entre ces deux actions, si l'on pouvait montrer qu'il était contenu dans l'édit, n'aurait-on pas l'explication toute naturelle d'une question qui a donné lieu à tant de difficultés? Or cette démonstration résulte, à mon avis, du § 3, *de act.* Inst., IV, 6.

Justinien annonce dans ce texte qu'il va donner des exemples d'actions réelles établies par le droit prétorien.

Ecce plerumque ita permittit in rem agere, ut vel actor diceret se quasi usucepisse, quod usu non ceperit, vel, ex diverso, possessor diceret adversarium suum usu non cepisse quod usucceperit.

Quel est le sens de ce dernier membre de phrase, *vel, ex diverso, possessor...* ? Est-ce là un des cas où le préteur permet d'exercer une action réelle? Mais dans quelles circonstances celui qui possède a-t-il lieu d'agir *in rem?* En règle générale, il joue le rôle de défendeur et non celui de demandeur. Que veut dire alors Justinien? Les commentateurs sont fort embarrassés.

Plusieurs d'entre eux ont essayé de résoudre la difficulté en disant qu'elle provient d'une mauvaise leçon du texte. Justinien aurait écrit non pas *possessor*, mais *possessorem;* il aurait voulu faire allusion au cas prévu par le § 5, au cas de l'action réelle rescisoire. Mais cette correction est-elle légitime? S'accorde-t-elle avec l'ensemble du texte? Peut-on invoquer en sa faveur l'autorité des manuscrits? Il y a là, on le conçoit, des questions qui méritent un examen attentif, et qui ne peuvent être résolues *à priori.* Je n'ai pas besoin d'ajouter que cette difficulté, qui s'élève sur le § 3 *de actionib.*, offre un intérêt pratique considérable; car suivant que l'on établira l'exactitude de la leçon *possessor* ou de la leçon *possessorem*, le sens du texte sera manifestement changé.

Bien que cette question de texte implique une question de doctrine, il semble que les interprètes contemporains ne l'ont pas soupçonnée, ou en tout cas que la leçon *possessorem*, qu'ils adoptent unanimement, a pour eux un caractère de certitude tel que la leçon contraire ne mérite pas d'être mentionnée (1).

Cependant la leçon *possessor* a été recueillie dans un ouvrage dont s'honore la philologie française, le *Novum Enchiridion juris Romani*. S'inspirant des traditions de nos grands romanistes du XVIe siècle, qui considéraient la philologie comme l'auxiliaire indispensable de la jurisprudence, M. Ch. Giraud a pensé que c'était un service à rendre à la science que de rétablir les textes dans leur pureté primitive, et d'appeler l'attention sur des documents restés ignorés par suite de l'inadvertance des éditeurs. Appuyé sur son autorité, je ne considère pas la difficulté qui s'élève sur le § 3 comme définitivement résolue en faveur de la leçon *possessorem*, et je vais soumettre la question à un nouvel examen. Je ferai d'abord l'étude critique du texte, puis j'en donnerai l'interprétation.

§ 1. — Pour déterminer le texte exact du § 3 *de action.*, il faut avant tout consulter les manuscrits. Mais les manuscrits des Institutes sont assez nombreux. Tous ont-ils une valeur égale? Quels sont ceux auxquels il faut ajouter foi? Ces questions s'imposent dès le début de notre recherche.

Nous ne sommes plus à l'époque où l'on s'attachait au premier manuscrit qui tombait sous la main, où l'on considérait comme le meilleur celui dont l'écriture était la plus soignée, dont les enluminures étaient les plus élégantes. Il est vrai de dire qu'autrefois la collation des manuscrits était à peu près impossible. Ils n'étaient pas étiquetés, numérotés, conservés, comme ils le sont aujourd'hui en grande partie, dans les dépôts publics. Ils étaient presque tous en la possession d'amateurs ou de curieux, et les érudits qui en avaient profité ne se piquaient pas d'une rigoureuse exactitude pour en indiquer l'origine, l'âge et l'autorité, ni même

(1) Pellat, *op. cit.*, p. 583 ; Ortolan, III, n° 2072 ; Demangeat, II, p. 519, Cpr. Vangerow, Lehrb., I, 336 ; Keller, Civilprozess, § 80 ; Rudorff, § 62.

pour en constater l'existence ou pour révéler le lieu de leur dépôt.

Disons de suite qu'on n'a pas pour les Institutes, comme pour les Pandectes, un manuscrit type, remontant à une époque voisine de celle de Justinien. La bibliothèque du chapitre de Vérone possède bien un manuscrit (n° 36), qui paraît contemporain des Pandectes florentines ; malheureusement il ne contient que de très-courts fragments inscrits sur trois feuillets.

En l'absence d'un manuscrit type, on peut cependant reconstituer dans sa pureté le texte primitif des Institutes, en collationnant les divers manuscrits qui, à raison des caractères externes ou internes qui les distinguent, paraissent se rattacher à des familles différentes ; ou bien encore, en examinant les ouvrages composés par d'anciens auteurs qui ont eu en main les meilleurs manuscrits. Il y a là deux sources d'information, qu'il ne faut pas négliger, et qui, lorsqu'elles conduisent à un résultat identique, permettent d'établir avec certitude la véritable leçon du manuscrit original. Les éditions anciennes peuvent aussi fournir d'utiles renseignements, soit parce qu'elles ont été faites à l'aide de manuscrits aujourd'hui perdus, soit pour retrouver les raisons qui ont décidé ceux qui les ont publiées à adopter telle ou telle leçon.

Appliquons la méthode qui vient d'être indiquée à l'établissement du texte du § 3.

Schrader, qui a collationné les divers manuscrits connus des Institutes, les a répartis (*Prodromus*, p. 79 et suiv.) en cinq familles, dont trois sont particulièrement importantes : la première présumée due à l'école de droit de Montpellier ; la seconde avec laquelle concorde généralement la recension de Cujas ; la troisième, qui renferme les manuscrits les plus anciens et les meilleurs. Plusieurs de ces manuscrits, et non des moins précieux, sont conservés à notre Bibliothèque nationale. Je citerai notamment le n° 4421 (fonds latin) du onzième siècle, c'est l'un des plus anciens manuscrits connus des Institutes ; puis les n°s 4422 et 18229 du douzième siècle ; 4426, 4429, 4439 du treizième siècle ; 4423 à 4425 du quatorzième siècle ; enfin le n° 2122 du treizième siècle (fonds latin, nouv. acq.). J'ai consulté moi-même ces manuscrits, et je me suis assuré que, bien qu'ils appartiennent à des familles différentes, ils contiennent tous la leçon *possessor* (1).

Cette leçon est également celle de deux très-anciens manuscrits, celui de la bibliothèque publique de Bamberg (sign., D. II, 3) du neuvième siècle et celui de la bibliothèque de l'Athénée royal de Turin (n° 372) du dixième siècle. Je les cite d'après Schrader qui s'en est servi pour son édition des Institutes.

Si maintenant on passe aux ouvrages composés par des auteurs qui ont eu entre les mains les plus anciens manuscrits, c'est encore la leçon *possessor* qu'on trouvera acceptée. On sait avec quel soin les professeurs de l'école de Bologne ont cherché à établir pour les Pandectes un texte exempt d'erreurs. Ils en ont fait autant pour les Institutes. Sans doute les travaux critiques des glossateurs étaient ici moins nécessaires. La brièveté des Institutes, leur clarté, la liaison intime des matières, devaient, ainsi que l'a fait remarquer Savigny (*Hist. du droit romain au moyen âge*, t. III, c. 22, § 180), les garantir contre les mutations. Est-ce à dire qu'on négligea de veiller à la correction du texte? Assurément non, et la meilleure preuve en est fournie par les variantes rapportées dans la glose sur les Institutes. Mais où retrouver la leçon suivie à l'école de Bologne? Par un bonheur tout particulier, le texte même du § 3 *de action.*, a été conservé intégralement dans un abrégé des Institutes connu sous le nom d'*Epitome juris civilis*, et publié pour la première fois par Böcking en 1829, à la suite de son édition du *Brachylogus* (2).

L'*Epitome* contient sur chaque matière les textes principaux des Institutes, et ces textes nous transmettent dans sa pureté la leçon qu'on est convenu d'appeler leçon de Bologne. L'auteur, dont le nom est inconnu, a été à coup sûr l'un des premiers maîtres de cette école. Il a eu sous la main les meilleurs matériaux, et les livres des grands jurisconsultes antérieurs au milieu du douzième siècle lui sont

(1) Les Mss. d'accord sur ce point offrent quelques variantes sans importance au point de vue de l'interprétation, et dont j'indiquerai seulement les principales. On lit quelquefois *dicat* au lieu de *diceret; usu non ceperat* et *quod usu ceperat* au lieu de *usu non ceperit* et *quod usu ceperit*. V. l'histoire de ces variantes dans Schrader, Inst., p. 637.

(2) V. Schrader, p. 149. Le Ms. est à Tübingen (M. C. 14).

familiers. Il cite, en effet, Bulgare et Martin (p. 266, 272); mais comme il ne parle ni de Roger, ni de Jean, ni de Placentin, on doit en conclure qu'il vivait avant eux, sans quoi il n'eût pas passé sous silence des auteurs aussi considérables. Eh bien! au titre *de actionibus*, l'Epitome donne textuellement (p. 279) la leçon du § 3 que j'ai adoptée. Il y a là une preuve décisive de l'exactitude de cette leçon.

J'arrive aux éditions des Institutes. L'examen que je vais en faire me permettra de déterminer comment et à quelle époque s'est introduite la variante *possessorem*.

On peut diviser en quatre périodes l'histoire de ces éditions (1). Dans la première (1468 à 1502), les éditeurs ne se préoccupent pas de rechercher les meilleurs manuscrits; ils impriment le premier qu'ils rencontrent, mais ils le reproduisent aussi exactement que possible.

Dans la seconde période (1503-1585), les éditeurs font de louables efforts pour retrouver, en rapprochant divers manuscrits, la véritable leçon des textes. C'est l'époque des éditions de Chappuis, d'Hoffman (Haloander), de Le Conte, d'Hotman, de Russard. C'est surtout l'époque de l'édition célèbre publiée par Cujas en 1585 (Parisiis, apud Sebastianum Nivellium, sub Ciconiis, via Jacobæa : 1 vol. in-f° le 30 mars, puis 1 vol. in-12 le 30 juillet).

La troisième période (1586-1811) n'a rien produit. Chose étonnante! c'est à peine si l'influence de Cujas s'est fait sentir. On réimprime les anciennes éditions de Russard, d'Haloander. Quelques-uns cependant (Vulteius, Fabrot, Janus à Costa) essaient de reproduire avec plus ou moins de fidélité le texte donné par Cujas.

La quatrième période s'ouvre en 1812 par l'édition remarquable de Biener. Désormais la critique des textes, dont Cujas semblait avoir emporté le goût et le secret, est remise en honneur. En 1823, MM. Schrader, Clossius et Tafel annoncent dans leur *Prodromus* le travail qu'ils vont entreprendre pour donner des Institutes une édition plus exacte que celles qui ont précédé, et indiquent la marche qu'ils vont suivre pour atteindre leur but. C'est après dix années d'un labeur

(1) V. Schrader, p. 173; M. Ch. Giraud, Notice sur Fabrot, p. 89.

incessant qu'ils ont mené à bonne fin cette œuvre d'une valeur exceptionnelle tant au point de vue de l'exégèse que de la critique du texte.

Depuis cette époque, plusieurs éditions nouvelles ont été publiées en Allemagne, notamment par M. Krüger (Berlin, 1867) et par M. Huschke (Leipzig, 1868). Chacun d'eux a essayé d'améliorer le texte établi par Schrader, mais en se plaçant à un point de vue différent : dans les cas douteux M. Krüger donne la préférence aux leçons des plus anciens manuscrits; M. Huschke, au contraire, se prononce dans le sens de la paraphrase de Théophile, sans se préoccuper des manuscrits qui, d'après lui, dépendent tous, plus ou moins, de la paraphrase.

En France, depuis le commencement du siècle, on a réimprimé plusieurs fois les Institutes. L'édition de 1805, due aux professeurs de l'École de droit de Paris, est curieuse à la fois comme exécution typographique et comme expression de la disposition scientifique des esprits, à cette époque de rénovation des études juridiques. On n'avait trouvé rien de mieux, pour frapper l'attention de la jeunesse et pour lui inculquer les principes du droit, que de réimprimer cette fameuse édition elzévirienne, où l'on avait détaché en lettres rouges ce qui dans le texte pouvait représenter une règle générale de droit.

Quant aux éditions postérieures, à part celle de 1822 (*Juris civilis ecloga*), où l'on a suivi *fere per omnia* l'édition de Biener, on s'est attaché à reproduire la recension de Cujas, soit dans l'Ecloga de 1832, soit dans le *Manuale synopticum* de M. Pellat (1854). Le sentiment, qui a inspiré ces éditeurs d'ailleurs si recommandables, se comprend aisément. Ils ont pensé que les éditions classiques ne doivent pas accueillir aussitôt toutes les nouveautés. Mais, comme l'a justement remarqué M. Benoist (*Virgilii Op.*, Introd.), elles ne peuvent rester longtemps fermées aux nouveautés légitimes, sans produire le fâcheux résultat de retarder le progrès des études et de les renfermer dans le cercle étroit de la routine. C'est là, dit-il, l'obstacle principal à la propagation des découvertes de la philologie.

Ce que M. Benoist et quelques autres savants français

ont entrepris dans ces dernières années pour les classiques latins et grecs, M. Ch. Giraud l'a réalisé pour les monuments du droit romain qui nous restent en dehors des grands recueils de Justinien. Mettant à profit les travaux si importants de MM. Schrader et Krüger, il a publié, en 1873, dans son *Novum Enchiridion* une belle édition des Institutes, fruit d'un travail considérable, et contenant toutes les innovations que peut admettre une critique prudente et éclairée.

Quel parti ont pris ces divers éditeurs sur notre § 3? Pendant la première période et jusqu'au milieu de la seconde, la leçon *possessor* a été uniformément adoptée. On la trouve dans l'édition incunable de Schoyffer (1468) et dans les éditions de Chappuis (Kerver, 1511) et d'Haloander (1529).

La variante *possessorem* se trouve pour la première fois dans deux ouvrages publiés presque en même temps : dans l'édition de Ferret (Lyon, 1543) et dans le commentaire de Baudouin (Paris, 1 vol. in-f°, 1545). Je n'ai pu me procurer l'édition de Ferret, mais Le Conte atteste (p. 118, n. *d*, Paris, 1560) que « possessorem legit Ferret ex vetusto codice. » Quant à Baudouin il lit : *vel ex diverso possessorem adversarium suum non usucepisse quod usuceperit* (en supprimant *dicat*). Pour justifier cette variante, il dit en note (p. 643, éd. 1554) : « Ita hunc locum esse legendum probat veterum exemplariorum (*sic*) fides, et ipsius sensus ratio. Atque hæc est ipsa species quæ paulo post explicatur, nempe cum agitur adversus possessorem qui reipublicæ causa abfuit, quasi interim reus non usuceperit. » Quels sont ces manuscrits dont parle Baudouin? Dans ses *Prolégomènes* (1 vol. in-4°, 1545, Paris, Tiletan), il dit qu'il a relevé un certain nombre de leçons vicieuses dans Haloander et qu'il pense les avoir fait disparaître « partim ex collatione veterum exemplarium et ipsius græcaninæ paraphraseos Theophili ; partim ex justis conjecturis quas ipsius juris ratio tantum nobis non ostentat, et extorquet etiam ab invitis quadam necessitate » (p. 128). Quelques pages auparavant (p. 104), il parle d'un très-ancien manuscrit des Institutes découvert par Jean Apell dans la bibliothèque d'une ville des bords de la mer Baltique. Mais ce manuscrit qu'il pense avoir été écrit au temps de l'empereur Lothaire II de Saxe n'est autre que le *Brachylogus* (1).

Vingt ans après Baudouin, Russard, célèbre professeur de Bourges, travaillant pour l'éditeur Plantin d'Anvers à une nouvelle collection des œuvres de Justinien, recueillit la leçon traditionnelle alors de notre § 3. Mais il nota en marge de son édition des Institutes de 1566 (p. 140) : *possessorem* in quibusdam, ajoutant que cette leçon vicieuse avait induit Accurse en erreur. Cette observation n'est pas exacte, car Accurse a glosé la leçon *possessor* (Éd. Vincent, Lyon, 1617, p. 606, note *m*.).

En 1569, Hotman, dans son édition publiée à Bâle, adopta la variante *possessorem*, mais rétablit le mot *dicat* supprimé par Baudouin. En note il dit : « *Possessorem* autem, non ut in aliis *possessor*, legendum esse, et veterum librorum auctoritas et res ipsa convincit. » C'est la reproduction de la note de Baudouin.

Enfin en 1585, Cujas vint prêter à cette leçon nouvelle l'appui de son autorité. Il est à remarquer qu'à la différence de Baudouin et d'Hotman, il ne cite aucun manuscrit, et l'on peut aujourd'hui encore s'assurer, en lisant les manuscrits dont s'est servi Cujas, qu'ils contiennent la leçon *possessor*. Schrader pense, en effet, que ces manuscrits ne sont autres que les nos 4439 et 18229 (Biblioth. nat., fonds latin). Voici sur quoi repose cette conjecture : l'édition de Cujas est en général conforme aux manuscrits conservés à Paris ; puis elle présente ce trait caractéristique que les titres y sont appelés chapitres. Or cette particularité ne se trouve que dans les deux manuscrits précités. Il est donc vraisemblable que ce sont précisément ceux que Cujas a eus entre les mains. Quoi qu'il en soit, puisque les manuscrits ne donnent pas la leçon *possessorem*, il faut en conclure que c'est une véritable correction du texte que Cujas a proposée. Il dit en effet : « Rectius legas *possessorem*, ut Theophilus et § Rursus... » (p. 315, n. 10, éd. in-12).

Dans la troisième période, la variante *possessorem* n'a trouvé qu'un petit nombre de partisans. Fr. Broë, l'un des

(1) V. sur le *Brachylogus* l'article publié par M. A. Rivier dans la *Nouvelle Revue historique*, 1877, p. 13.

élèves de Cujas, rapporte sans observation la variante *possessorem* dans ses *Expositiones* sur les Institutes (Paris, 1622, p. 757). Köhler l'a également recueillie dans son édition de 1772, où il se fait un honneur de rétablir dans sa pureté la recension de Cujas, par une sorte de réaction contre le texte traditionnel. De là elle a passé, en 1776, dans le *Corpus juris* de Göttingen, dont le texte avait été révisé pour les Institutes par Köhler; puis dans le *Corpus juris* de Plitt, qui déclare dans sa préface que, pour la reproduction des Institutes, *ducem habuit Gebauerum*.

La leçon *possessor* est au contraire adoptée dans toutes les éditions gothofrédiennes. Van Giffen fait aussi remarquer (Strasbourg, 1611, pet. in-4°, p. 471) que « in veteribus libris constanter scriptum reperitur *possessor*. » L'édition de Nyvard, *emendatissimi ex editione J. Cujacii*, avec un commentaire de Janus a Costa (p. 423, Paris, 1659), donne cependant sans observation la leçon *possessor*. Il en est de même d'Otton (ed. Iselii, Bâle, 1760); son opinion est d'autant plus remarquable qu'il reproduit en général le texte de Cujas, et qu'il donne en regard du § 3 le texte correspondant de Théophile. Il indique dans une note que la considération de ce paragraphe de la paraphrase avait décidé les dissidents du seizième siècle à préférer la leçon *possessorem*. Le *Corpus Academicum* de 1775 et des années suivantes porte aussi la leçon *possessor*; il en est de même de l'édition des Institutes publiée *ad usum scholarum juris* en 1805 par les professeurs de l'Ecole de droit de Paris (p. 210).

Dans la quatrième période, la variante *possessorem* est complétement abandonnée en Allemagne. Biener, Bucher (1826), Schrader, Klenze et Böcking, dans leur édition comparée des Institutes de Gaius et de Justinien (1829, p. 244), Beck (Leipzig, 1829), Kriegel (1840), Gneist (*Syntagma*, p. 236, 1858), Krüger (p. 144), ont recueilli la leçon traditionnelle. Seul de tous les éditeurs d'outre-Rhin, M. Huschke est revenu à la leçon de Cujas. Il a mis en note (p. 170) ces mots significatifs : « Scripsi; cf. Theophilum et infra § 5. Possessor, codd., edd., Schrader et Krüger. » Ainsi M. Huschke a pris sur lui de corriger le texte qu'il reconnaît être celui de tous les manuscrits.

En France, ainsi que je l'ai dit, c'est la leçon cujacienne qui a été admise non-seulement dans les éditions postérieures à 1832, mais même dans l'*Ecloga* de 1822, et cela sous l'influence de M. Ducaurroy qui s'en était fait le défenseur depuis qu'il avait obtenu la possession d'un exemplaire de l'édition de Cujas de 1585. M. Pellat a suivi les errements de M. Ducaurroy dans son *Manuale juris synopticum*. Mais dans le *Novum Enchiridion* (p. 532), M. Ch. Giraud a adopté la leçon traditionnelle du § 3 et rejeté la correction de Cujas.

On sait maintenant comment s'est introduite la variante *possessorem*. Il reste à discuter les raisons que l'on a fait valoir pour la justifier. J'ai déjà fait remarquer que ni Cujas, ni M. Huschke n'invoquent l'autorité des manuscrits. Il y a donc un motif très-grave à leurs yeux qui les décide à corriger le texte du § 3. C'est la signification qui lui est donnée dans la paraphrase grecque des Institutes par Théophile. Voici, d'après la traduction de Reitz (p. 791), comment est conçu le passage correspondant à notre § 3 : « ...Aut e contrario adversus eum qui rem meam usucepit ac possidet, agere possum et dicere, si paret, hanc rem meam esse, quasi eam adversarius meus non usuceperit. »

Le témoignage de Théophile fournit aux partisans de la leçon *possessorem* un argument dont il faut apprécier la valeur. Il semble que la question doive être tranchée dans le sens pour lequel il s'est prononcé, car Théophile, l'un des rédacteurs des Institutes, avait évidemment sous les yeux le manuscrit original, tandis que nos plus anciens manuscrits sont postérieurs de trois siècles à Justinien.

Je n'ai pas l'intention, pour affaiblir la portée de cet argument, de reprendre la thèse soutenue par Cujas, Jac. Godefroy, Fabrot, d'après laquelle l'auteur de la paraphrase ne serait pas le rédacteur des Institutes. Cette opinion, qui reposait principalement sur les contradictions que l'on trouve entre les Institutes et la paraphrase, a été victorieusement réfutée par Reitz (Præf, § 44) et par Ruhneken (Meerman, Thes., t. III et V) (1). Mais ces contradictions, si elles n'em-

(1) V. M. Ch. Giraud, *Notice sur la vie de Fabrot*, p. 68.

pêchent pas d'identifier l'auteur de la paraphrase et le rédacteur des Institutes, diminuent singulièrement la valeur des arguments puisés dans Théophile. Aussi son autorité a été sérieusement ébranlée par son plus savant interprète, Otto Reitz. Il est reconnu aujourd'hui qu'on ne peut accorder à Théophile une confiance illimitée pour la position du texte latin des Institutes (V. Biener, Inst. præf.).

Toutefois, cette opinion a rencontré un adversaire dans M. Huschke. Dans la préface de son édition (p. XIII), il pose en principe que la paraphrase doit faire autorité pour les deux derniers livres, et être prise en considération pour les deux premiers. D'après lui les livres III et IV des Institutes seraient l'œuvre exclusive de Théophile, les livres I et II, celle de Dorothée; Tribonien n'aurait eu que la direction générale du travail. Ainsi s'expliqueraient les contradictions que l'on rencontre particulièrement entre les deux premiers livres des Institutes et les livres correspondants de la paraphrase. Mais les raisons que M. Huschke invoque à l'appui de sa thèse ne sont rien moins que concluantes.

Il a d'abord cru remarquer (p. VIII et IX, *in f.*) que le style des deux derniers livres est moins recherché que celui des deux premiers. Dans ceux-ci on exalte à tout propos les mérites de Justinien et de Tribonien, ce qui est assurément le fait d'un provincial (Dorothée était de Béryte), flatté d'avoir été appelé à la cour par le crédit de Tribonien. Théophile au contraire, qui habitait la capitale, est plus réservé dans ses éloges. Pour savoir ce que vaut cet argument, il suffit de lire la paraphrase; on verra que Théophile ne le cède en rien à Dorothée. Il appelle (II, 6, 14) l'impératrice Théodora *religiosissima domina nostra* (on n'a pas oublié que c'était une comédienne), et Tribonien *quæstor gloriosissimus* (II, 23, 12), *vir excellentissimus* (II, 8, 7).

M. Huschke fait ensuite observer (p. X) qu'on trouve souvent des renvois du second livre au premier, ou du quatrième au troisième, mais non des deux derniers livres aux deux premiers, ou réciproquement. Cependant au début même du livre III (tit. 1, § 2), je lis : « Sui autem heredes existimantur, *ut et supra diximus..*, » et au § 1 du tit. 2 : « Sunt autem adgnati, *ut primo quoque libro tradidimus...* »

Une indication aussi précise ne peut avoir été faite que par l'auteur même ou les auteurs du passage cité.

Enfin, dit M. Huschke (p. x), certaines questions sont traitées deux fois en détail et d'une manière si différente qu'il est impossible d'y voir l'œuvre d'un même auteur; par exemple lib. I, tit. 10, § 13, et lib. III, tit. 1, § 2; lib. I, 11, 2 et lib. III, 1, 14; lib. III, 9 pr. et lib. II, 20, 28. Mais il y a là des imperfections qui s'expliquent par la rapidité avec laquelle ont été rédigées les Institutes.

Comme on le voit, les raisons invoquées par M. Huschke sont loin d'être décisives. Considérés isolément, les faits qu'il rapporte peuvent, de son aveu (p. xi), être purement fortuits. Je ne crois pas qu'en les rapprochant on puisse leur attribuer une plus grande valeur. Il n'est donc pas démontré que Théophile n'ait pas collaboré aux deux premiers livres des Institutes, ni qu'il ait composé seul les deux derniers. Dès lors il n'y a pas de raison pour accorder plus d'autorité à la seconde moitié de sa paraphrase qu'à la première. M. Huschke lui-même l'a compris lorsque, dans le § 31 *de action.*, il a maintenu, malgré Théophile, l'action *de eo quod certo loco* au nombre des actions arbitraires. Si, comme il le prétend, les manuscrits dépendaient tous de la paraphrase, il y aurait dans le § 31 une interpolation que l'on devrait faire disparaître.

Du reste on s'étonnera moins des divergences qui existent entre les Institutes et la paraphrase, si l'on admet avec Reitz (Præf., § 46) que cette paraphrase a été publiée non pas par Théophile, mais par ses élèves d'après la dictée qu'ils avaient recueillie à son cours.

Il y a en effet dans cet ouvrage des négligences qui peuvent échapper dans l'enseignement oral et qui ne se rencontrent pas dans un livre écrit à tête reposée. Ainsi Théophile se répète fréquemment; il reproduit jusqu'à trois fois la division tripartite des cognats (I, 10, 1; I, 15, 1; III, 2 pr.). Il promet souvent de donner plus tard des explications qu'on ne retrouve pas (I, 16, 6; III, 10, 1, etc.). Quelquefois il donne une interprétation qui ne heurte aucune règle du droit, mais qui n'exprime pas exactement le sens du texte latin.

Justinien dit (II, 17, 1) : « Rumpitur autem testamentum,

cum in eodem statu manente testatore, ipsius testamenti jus vitiatur. » Théophile dit au contraire (trad. Reitz) : « Ruptum autem fit hoc modo : Testatus quis fuit inculpate : *non* manente testatore in eodem statu, jus testamenti imminutum est. » Il ne faut pas entendre ces mots *non manente in eodem statu* d'une *capitis deminutio* subie par le testateur : le testament serait alors *irritum* et non *ruptum*. Théophile veut dire simplement que l'agnation d'un héritier sien produit *aliquid novi* dans la situation du testateur ; c'est l'idée qu'exprime Tryphoninus dans L. 28, § 1, *De lib. et post.*, 28, 2. Mais, il faut en convenir, si la paraphrase ne contient pas ici une erreur, elle s'écarte complétement du sens donné par le texte des Institutes.

Il en est de même pour le § 13 (lib. I, tit. 10). Théophile explique les derniers mots de ce *locus vexatissimus* en ce sens que la constitution de Justinien profite non-seulement aux enfants nés avant le mariage, mais même à ceux qui sont nés depuis. Rien de plus exact sans doute que d'affirmer que les enfants nés durant le mariage sont légitimes; mais cela avait-il besoin d'être dit? Si l'on adopte avec Cujas, Schrader et M. Ch. Giraud la leçon des plus anciens manuscrits (quod et alii ex eodem matrimonio *si* fuerint procreati), le texte signifie que la légitimation produit ses effets, alors même que des enfants naîtraient ensuite du mariage. Cette question avait fait difficulté, comme on le voit par la C. 10, *De natur. lib.*, 5, 27. Justinien l'a résolue en disant : « qui ex iisdem matrimoniis procreati sunt, simili perfruantur fortuna. »

A côté de ces négligences qu'on rencontre dans la paraphrase, voici un fait qui vient témoigner en faveur de l'opinion que je viens de présenter. Les rubriques offrent de nombreuses variantes suivant les manuscrits; cela vient de ce que le professeur les lisait en latin; les élèves les traduisaient ensuite en grec. Aussi ces traductions sont très-défectueuses; je n'en donnerai qu'un exemple : la rubrique *de vulgari substitutione* a été transformée en περι χωρικης ὑποκαταστασεως, ce qui veut dire *de rustica substitutione*, contre-sens qu'on ne saurait imputer à Théophile, qui se sert toujours du mot βυλγαρια.

Enfin il n'est pas sûr que Théophile ait eu sous les yeux le texte authentique des Institutes. Il est, en effet, à remarquer que le titre 1er *de justitia et jure* fait défaut dans la paraphrase. On ne peut attribuer cette lacune à la négligence d'un copiste, car un scholiaste des Basiliques, rapportant la définition du plébiscite d'après Théophile, dit qu'elle se trouve au tit. 1er *de jure naturali*. Or dans le texte latin ce titre porte le n° 2 (V. Reitz, p. 929, n. 4).

Comment concevoir que l'un des rédacteurs des Institutes n'en ait pas connu le texte définitif? Justinien aurait-il, pour les Institutes comme pour le Code, donné deux éditions, dont la seconde serait postérieure à la paraphrase? Rien n'autorise à l'affirmer. Mais je suis porté à croire que Théophile fit du nouveau recueil l'objet de son cours avant que Justinien l'eût officiellement publié. Les Institutes furent publiées le 20 novembre 533 et rendues exécutoires à partir du 30 décembre de la même année. Or la paraphrase est d'une date antérieure à la fin de 534, car elle ne contient aucune allusion directe ni indirecte au droit postérieur aux Institutes, par exemple au *Codex repetitæ prælectionis*, publié le 16 novembre 534, et aux Novelles, dont la première est du 1er janvier 535. Sans doute Théophile est mort en 533, avant que les Institutes aient reçu leur forme définitive (V. Reitz, p. 1054, n. 26).

En résumé, si la Paraphrase doit être prise en sérieuse considération comme émanant de l'un des rédacteurs des Institutes, cependant pour les raisons que je viens d'exposer, on ne saurait lui attribuer une autorité irrécusable. Spécialement en ce qui concerne le § 3 *de action.*, il faudrait, pour adopter le sens que lui donne Théophile, qu'une explication différente fût impossible. C'est ce qu'il me reste à examiner.

§ 2. — La difficulté d'interpréter notre § 3 a été dès longtemps aperçue. D'après Accurse, *possessor* désigne non pas une personne qui possède actuellement, mais l'ancien propriétaire, *qui olim possedit*. Cette manière de parler se rencontre quelquefois dans les textes. Ainsi dans le § 5 *de action.*, le mot *dominus* signifie non pas celui qui est actuellement propriétaire, mais celui qui l'a été avant l'usucapion. Cpr. L. 56, § 1. D, 41, 1; L. 13, 14. D. 27, 3.

Chappuis, Hugues de la Porte (p. 311 du vol. parvum, Lyon 1558), Le Conte (Paris, 1560, p. 118), adoptent l'interprétation d'Accurse. Mais Baudouin, Hotman et Cujas, qui lisent *possessorem*, joignent ce mot à *adversarium* et entendent le texte comme s'il portait : « vel ex diverso actor dicat possessorem *eumdemque* adversarium suum non usucepisse. » Toutefois ce n'est pas sans hésitation que Cujas se rallie à cette interprétation. Il dit (p. 315, n. 10, éd. in-12) : « Rectius legas possessorem ut Theoph. et § Rursus, quanquam possessor, qui in exceptione actor est, et hoc ipsum in ea dicere possit, actorem non usucepisse quod usucepit; nam ut actionem, ita exceptionem prætor dat contra jus civile, rescissa usucapione. » Cette dernière interprétation, que Cujas propose sous une forme dubitative, contient en germe la véritable solution de la difficulté. Cujas l'aurait certainement adoptée, s'il eût connu le système de procédure formulaire, comme on le connaît depuis la découverte des Institutes de Gaius. Je me borne à constater que Cujas se défiait de l'argument tiré de Théophile, et qu'il entrevoyait la possibilité d'expliquer la leçon *possessor*.

Déjà en 1583, Doneau, sans trouver une interprétation bien satisfaisante de cette leçon qu'il avait recueillie, montrait qu'en tout cas la leçon *possessorem* était encore moins admissible. Si, en effet, le mot *actor* est le sujet de *diceret* dans la seconde phrase comme dans la première, les mots *possessorem* et *adversarium* font double emploi, puisqu'ils désignent une seule et même personne, le défendeur. Justinien aurait écrit un mot absolument inutile pour exprimer sa pensée. Aussi Doneau déclare qu'il eût été préférable de le supprimer (1). Ce n'est pas tout. Si les mots *possessorem* et *adversarium* se réfèrent à une même personne, pourquoi les avoir séparés par le mot *diceret?* Il y a là une transposition de mots tout à fait contraire au génie de la langue latine, et dont on trouverait tout au plus des exemples chez les poëtes.

La leçon *possessorem* ne présente donc pas un sens satisfaisant et n'est pas admissible au point de vue de la construction de la phrase. Il faut alors ou maintenir *possessor* ou

(1) *Op.*, t. VI, col. 624, éd. Macerata, 1831. C'est aussi l'avis de M. Krüger, *op. cit.*, p. 144.

le supprimer. Une opinion intermédiaire n'a pas de raison d'être. C'est l'avis de Vinnius (in IV lib. Instit. imperialium comment., Lyon, 1755, p. 875) : « Verbum possessor expungendum videtur... Quis enim ferre potest in oratione prosa tam inepte affectatam trajectionem verborum, tamque duram et inconcinnam constructionem? »

Sans aller aussi loin que Vinnius, Riccius dans ses *Vindiciæ juris*, insérées dans le Trésor d'Otton (II, 795), maintient la leçon *possessor*, et se plaint amèrement de la manie qu'ont certains auteurs de trouver du nouveau en toutes choses. « Exemplum est § 3, Inst. *de act.*, ubi cunctus Edd. et Mss. codex prioribus sæculis uno consono ore : *vel ex diverso possessor dicat adversarium suum*, ut de ea quidem scriptura nunquam apud veteres quæstio exstiterit. » Reprenant le raisonnement de Doneau, il montre combien la variante *possessorem* souffre d'objections ; puis il repousse l'argument tiré de Théophile, *quia verbum verbo non transtulit*. Il blâme ceux qui pour couper court à la difficulté ont cru pouvoir supprimer le mot *possessor*, et adoptant l'interprétation d'Accurse, il conclut en ces termes : « Non opus est in sano membro medicina. Facile etiam nunc contra tenues istos morsus, tot editorum ac manuscriptorum codicum religione insigniter firmata, et a magna ratione subfulta obdurat scriptio antiqua *possessor*. »

Parmi les interprètes contemporains, Ducaurroy, seul à ma connaissance, s'est préoccupé de la difficulté qui s'élève sur le § 3. « Dans les éditions vulgaires, dit-il (Instit. nouvellement expliquées, II, 1194, p. 361, 8e éd.), au lieu de *possessorem* on lit *possessor ;* ce qui indiquerait une revendication intentée contre tous les principes par celui qui possède. Le mot *possessorem*, qui se retrouve dans le § 5, ne laisse aucun doute sur la véritable leçon du § 3, et indique le rôle de celui qui possède ; il est défendeur et par cela même adversaire de celui qui intente l'action. » Comme on le voit, c'est la difficulté d'expliquer le mot *possessor* qui a décidé Ducaurroy à rejeter la leçon commune ; il n'apporte aucune raison nouvelle à l'appui de son opinion ; il n'invoque même pas l'autorité de Théophile.

Est-ce à dire qu'en acceptant la leçon *possessor*, il faille s'en tenir à l'interprétation d'Accurse? « Obscurius est paulo illud possessor, dit Doneau, ut possessorem interpretemur qui olim possessor fuit. » Et Riccius : « Quibusdam sane Accursiana interpretatio visa fuit duriuscula. » Quant à Schrader, il dit : « Id quamvis satis facile procedat, tamen, propter opposita orationis membra, hic aliquid magis reconditum latere suspicamur. » Aussi je crois que l'on doit rechercher la vraie solution de la difficulté dans une explication historique de notre § 3.

Avant tout, il y a un fait à constater : la traduction littérale du § 3 *in fine* conduit à reconnaître que la rescision de l'usucapion est admise au profit d'un possesseur, par conséquent du défendeur à une action réelle. C'est donc par voie d'exception que le bénéfice de la rescision lui est acquis. Cela posé, voyons dans quelles circonstances il peut demander au préteur cette exception. Le § 3 n'en dit rien ; il ne parle pas davantage des cas où le demandeur peut faire réputer accomplie une usucapion simplement commencée. Mais de même que le § 4 donne le détail des cas où le demandeur dit *se quasi usucepisse quod non usuceperit*, de même le § 5, qui se relie au précédent par les mots *ex diverso*, doit indiquer les cas où le possesseur dira *adversarium suum non usucepisse quod usuceperit*.

Ce § 5 suppose que la rescision de l'usucapion est accordée à une personne, habitant la ville de Rome, et qui n'a pu faire reconnaître son droit parce que le possesseur était absent pour le service de l'État ou en captivité chez l'ennemi. On sait que la procédure romaine n'admettait pas primitivement les jugements par défaut, et que la présence du défendeur ou de son représentant était nécessaire pour introduire une action en justice. Mais c'est une action rescisoire, et non pas seulement une exception que le préteur accorde, aux termes du § 5 ! Il semble donc que ce paragraphe ne soit d'aucun secours pour l'explication du § 3.

Cependant examinons de près cette action rescisoire de l'usucapion. On est d'accord pour y voir une application de l'édit sur l'*in integrum restitutio* pour cause d'absence. Mais cet édit dont le texte a été conservé par la loi 1, § 1, D. 4, 6, a établi l'*in integrum restitutio* non-seulement contre les absents, mais aussi à leur profit. Pourquoi le § 5 ne mentionne-t-il qu'une seule des causes de restitution? Pourquoi surtout parle-t-il de celle qui n'avait plus de raison d'être à l'époque où il a été rédigé? La const. 2, *De annali except.*, 7, 40, avait en effet rendu sans utilité la restitution donnée contre les absents; et désormais il était permis d'interrompre l'usucapion en adressant une réclamation au président de la province.

Cette double anomalie s'explique aisément si l'on admet que les rédacteurs des Institutes avaient sous les yeux le texte, non pas de l'édit sur l'*in integrum restitutio*, mais d'un édit antérieur destiné à protéger le plaideur qui avait perdu son droit, faute de pouvoir conduire en justice son adversaire en temps utile (1). Or on peut prouver de bien des manières que l'action dont il est parlé au § 5 n'est pas donnée en vertu de l'édit sur l'*in integrum restitutio*. D'abord cette action est donnée contre l'absent qui a usucapé, sans réciprocité. L'*in integrum restitutio* est donnée à l'absent ou contre lui. Puis cette action ne peut être intentée que dans deux cas : lorsque celui au profit de qui a eu lieu l'usucapion était absent pour le service de l'État ou captif chez l'ennemi. La restitution est accordée à l'absent dans bien d'autres cas, et notamment quand son absence n'a pas eu de cause légitime. Enfin l'action mentionnée au § 5 est donnée sans distinguer si l'absent a eu ou non un représentant. La restitution au contraire n'était possible, Ulpien en fait la remarque expresse, que *cum absens non defenderetur* (L. 21, § 1, D. 4, 6).

Ce n'est donc pas en restituant à l'ancien propriétaire l'action réelle qu'il avait perdue, que le préteur lui accorde sa protection. Mais comme la restitution contre l'usucapion est la condition nécessaire pour que l'ancien propriétaire puisse agir en justice, il reste à dire que le préteur venait à son secours, non pas par voie d'action, mais par voie d'exception. Lorsque, depuis l'accomplissement de l'usucapion, l'ancien propriétaire avait recouvré la possession de sa chose

(1) C'est aussi l'avis de M. Huschke (*D. Recht der Public. Klage*, p. 101); mais il conclut à la coexistence dans le droit de Justinien de deux actions rescisoires de l'usucapion : l'une qu'on pourrait exercer *de plano*, l'autre qui nécessiterait une *in integrum restitutio* préalable.

et qu'il était poursuivi par l'*usucapiens* de retour à Rome, alors *possessor dicebat adversarium suum non usucepisse quod usuceperit.*

Ainsi s'explique notre § 3 qui, dans l'ouvrage auquel il a été emprunté, devait être conçu en ces termes : « ...*Permittit in rem agere vel excipere ut...* » Comme au temps de Justinien ce n'était plus seulement une exception, mais une action que l'on donnait contre l'absent, on a supprimé les mots *vel excipere* et transformé maladroitement le passage correspondant au § 5.

Que si l'on objectait l'impossibilité d'admettre une inexactitude de rédaction dans le texte des Institutes, je répondrais que ce serait ne pas tenir compte de la manière dont cet ouvrage a été composé. Ce n'est pas une œuvre originale, mais une suite d'extraits d'ouvrages du même genre, écrits par d'anciens jurisconsultes tels que Gaius, Ulpien, Florentin, Marcien. Ces extraits devaient être mis en harmonie avec la législation en vigueur ; mais comme ils ont été rédigés très-rapidement, les négligences sont assez fréquentes ; on les remarque particulièrement au titre *de actionibus*. La matière des actions en droit romain est très-délicate à cause des divers systèmes de procédure qui se sont succédé. Les rédacteurs des Institutes l'ont-ils toujours bien comprise? Il est permis d'en douter. Ainsi dans le § 1 on trouve un souvenir du système des actions de la loi : *possessor dominum se esse dicat*. Dans le § 28 on fait de la pétition d'hérédité une action de bonne foi ; au § 29, on crée des actions mixtes, à la fois personnelles et réelles. Je pourrais multiplier les exemples ; il me suffit d'avoir répondu à l'objection proposée.

Avec l'interprétation que j'ai donnée du § 3, voici comment on peut concevoir le développement historique du droit romain en cette matière. Le but de l'édit Publicien était de déterminer l'efficacité de l'usucapion. Deux questions étaient à résoudre : 1° devait-on attendre l'achèvement de l'usucapion pour protéger le possesseur *in causa usucapiendi*? 2° Devait-on admettre l'efficacité de l'usucapion lorsque le propriétaire avait été dans l'impossibilité de l'interrompre par suite de l'absence du possesseur?

Le préteur Publicius avait senti que l'application rigoureuse des règles du droit civil conduisait souvent à des résultats iniques. Lorsque le propriétaire bonitaire ou le possesseur de bonne foi, qui avait reçu tradition *ex justa causa*, venait à perdre la possession de sa chose, il n'avait aucune action pour la réclamer à celui qui avait un droit inférieur au sien; le droit civil ne garantissait que la propriété quiritaire. Mais, dit Justinien (§ 4 *de action.*), *quia sane durum erat, eo casu deficere actionem, inventa est a Prætore actio...* C'est donc un motif d'équité qui a fait créer l'action Publicienne.

Le même sentiment, qui inspirait ici le préteur, devait le conduire à limiter dans certains cas l'efficacité de l'usucapion. N'était-il pas souverainement inique de permettre que l'usucapion pût s'accomplir au préjudice d'une personne qui n'avait pu faire reconnaître son droit par suite de l'absence du possesseur? Devait-on laisser sans protection celui qui n'avait pu amener en justice son adversaire, retenu hors de Rome par le service de l'État, ou captif chez l'ennemi?

Toutefois cette seconde question offrait plus de difficulté que la première, car il s'agissait de tenir pour non avenu un droit régulièrement acquis d'après le *jus civile*. On conçoit que le préteur n'ait pas cru devoir se mettre tout d'abord en contradiction ouverte avec le droit civil; cela n'eût pas été conforme à son mode habituel de procéder. Aussi, au lieu d'accorder à l'ancien propriétaire une action pour reprendre sa chose, il se contenta de lui donner une exception. Sans doute il y avait là un secours d'une portée restreinte, puisqu'on ne pouvait l'invoquer qu'à la condition d'avoir recouvré la possession de la chose. Mais enfin il permettait à l'ancien propriétaire de se défendre contre l'absent qui, de retour à Rome, aurait voulu faire valoir son droit.

Ainsi l'édit Publicien contenait une double disposition : l'une créant une action au profit des personnes *in causa usucapiendi* qui avaient perdu la possession; l'autre accordant une exception rescisoire de l'usucapion à celui que l'absence forcée du possesseur avait empêché d'agir en temps utile (1). Plus tard cette seconde disposition de l'édit Publicien fut généralisée par l'Édit sur l'*in integrum restitutio* des majeurs de vingt-cinq ans. Au lieu d'accorder seulement une exception

(1) Cette exception devait être conçue en ces termes : *Si inter illud tempus res usucapta non est.*

rescisoire de l'usucapion, le préteur donna une action contre l'absent de retour à Rome. Cette action put être intentée même quand l'absence n'avait pas de cause légitime. Si le préteur n'avait d'abord songé qu'aux cas d'absence forcée, c'est qu'alors le propriétaire était dans l'impossibilité absolue de faire valoir son droit, tandis que, dans les autres cas, il se trouvait en présence d'une difficulté qui à la rigueur pouvait être surmontée.

C'est donc à l'édit Publicien que le préteur a emprunté l'idée de la restitution contre les absents, de même que c'est la loi Hostilia (Inst. IV, 10 pr.) qui lui a suggéré l'idée de la restitution des absents. Ce développement du droit romain serait aujourd'hui inconnu, si les commissaires de Justinien n'avaient, dans la rédaction imparfaite des §§ 3 et 5 *de action.*, conservé des vestiges de la législation antérieure, créée par l'édit Publicien. Mais comment en aurait-on soupçonné l'existence, si l'on avait maintenu la correction de Baudouin et des autres éditeurs qui avaient altéré le texte en croyant l'améliorer ?

On comprend maintenant l'importance qu'il faut attacher à la restitution des textes. C'est une justice à rendre à M. Ch. Giraud que de lui attribuer l'honneur d'avoir, par l'exactitude savante de son édition des Institutes, montré ce nouveau champ d'études à l'école française.

4383-77. Corbeil. — Typ. et stér. de Crété.

1283-76. — Corbeil, typ. et stér. de Crété.

www.ingramcontent.com/pod-product-compliance
Ingram Content Group UK Ltd.
Pitfield, Milton Keynes, MK11 3LW, UK
UKHW021123230726
13926UKWH00002B/613